JN115745

教育経営論講義
幼稚園教職課程対応

吉田直哉 著

ふくろう出版

はじめに

　本書は、教職、特に幼児教育・保育職を目指す大学・短期大学・専門学校の学生が、教職課程において身に付けるべき教育(学校、学級)の制度と、それに基づく経営に関する理論と方法について解説するために書かれたものである。本書の執筆に当たっては、戦後70年以上にわたって蓄積されてきた教育行政学、教育法学、学校経営論の知見を多く取り入れている。教育制度論、教職論に類する科目のテキストとしてだけではなく、教員採用試験対策用の参考書としても活用できるよう配慮している。

　読者の中には、「経営」と「教育」という言葉は、互いになじまないと考える者も多いかもしれない。しかし、「経営」とは、単に営利を目的とする企業体のみに当てはまる概念ではない。ここでは、経営(マネジメント　management)を、次のような営みとして定義したい。「事業目的を達成するために、継続的・計画的に意思決定を行って実行に移し、事業を管理・遂行すること」。つまり、「経営」とは、ある「事業」を行うことを試み、その事業を結果として「成功」に導こうと思えば、どんな組織、行為にも当てはまる概念なのである。最近では、スポーツ分野にもマネジメントの概念が取り入れられ、組織でなくても、「アンガー・マネジメント」(怒りの感情のコントロール)のように、個人の思考や行動を、「目的」に順調に到達できるよう変容・保持させることにも、マネジメント、すなわち経営の概念が取り入れられるようになっている。

　当然のことながら、「教育」も、一定の目的を持ち、その目的を達成するために、計画を立案して実行する営みである。それゆえ、教育目的・目標を達成しようとするのであれば、教育のマネジメント、経営の方法を検討することは有益だろう。ただ、本書で説明していくように、教育経営は、実際の教育活動を行う学校や教師のレベルと、それを取り巻く行政のレベルの間でそれぞれ行われ、それらが複合して教育の営みを方向づけていくという重層的な営みである。つまり、教育経営は、「教育行政」と深い関わりを持つ。教育行政は、エデュケーショナル・アドミニストレーション　educational administration　の訳語として知られる。接頭辞「ad」は、「〜へ向かう」の意味をもち、「ministration」は「奉仕」の意味をもつ。言いかえれば、エデュケーショナル・アドミニストレーションとは、「教育へ奉仕する条件整備の営み」という意味である。このように定義すれば、条件を整備される側の教育は、教育行政とは区別される営みということになり、教育行政と教育の間には一定の質的な相違があるということになる。

　そのような条件整備とは異なる、教育の内的な実践に関わる「教育経営」は、次のように定義することができる。「学級、学校、地方自治体など教育活動の単位組織体を、教育目標追求の立場から最も効果的に機能するよう運営していく活動およびその過程」。当然のことながら、この意味での教育経営には、組織体の内部における人間関係、組織体としての意思決定の手順、外部の諸組織との関係、教育実践や教育の場をめぐる環境諸条件の取扱いなど具体的な活動に関連する多様な問題・課題が含まれる。言いかえれば、教育経営とは、「教育組織が、その教育目的を達成するために、人的・物的・財的諸条件、および教育内容・方法の条件を整備すること」なのである。

　ところで、保育の分野においては、2017年より、保育士の待遇改善と専門性の向上を目的として新設された「保育士等キャリアアップ研修」の制度において、「マネジメント」が研修分野の一つとして設定されている。従来、保育学分野においては、保育所における管理職の役割、リーダ

ーシップについての研究や議論は少なかった。それゆえに、保育者の専門性としての組織マネジメント能力については、養成段階においても、現職に就いてからの研修の段階においても取り上げられることが少なく、いわば等閑視されてきた。そのような現状を改善するために、キャリアアップ研修において「マネジメント」が導入されたのである。キャリアアップ研修の「マネジメント」においては、ある程度経験年数の長い副主任クラスの保育士(経験年数 7 年程度)が、若手の保育士を育成・支援し、保育所における職員間の連携・チーム保育を実現するための基本的な理論が紹介されることになる。

　さて、従来の教育行政学における議論では、教育経営が、「学校」経営の問題に限定され、狭く捉えられる傾向があった。現在、個々の学校を単位として見るような教育経営は、「閉ざされた学校経営」として批判にさらされている。2017 年改訂の学習指導要領の鍵概念の一つが「社会に開かれた教育課程」であることから知られるように、2000 年代以降の教育経営改革の動きは、学校経営を、教育課程の立案・実施も含めて、いかに地域社会、ひいては国際社会に開いていくか、という関心によってリードされてきたといえる。地域を社会資源として教育へ導入していくという方針は、幼児教育、保育の分野においても共通している。

　それでは、現在の教育経営論の課題はどのようなものだといえるだろうか。それは、生涯学習の視点に立ち、地域を含む社会のあらゆる教育機能と関連させた、総合的な学校経営のあり方をデザインすることである。それは、地域を含む新しい教育経営の単位を構想することであるともいえる。生涯学習社会の理念とは、1980 年代の臨時教育審議会答申以降、広く知られるようになったもので、市民の誰もがいつでも・どこでも学習することができ、また、学習成果を生かすことのできる社会を構想することであり、学校においてだけではなく、子ども期だけではない学びを実現することを目指している。このことから、生涯学習の視点は、「地域に開かれた教育経営」を議論するときには必須といえる。

　今日の日本の学校教育制度は、法律によって、その骨格が定められている。そのため、教職を志す者が学校教育制度を理解しようとすれば、教育法規の理解を避けて通ることはできない。教員採用試験のための勉強をするときだけでなく、教職についてからも、折に触れて、最新の『教育小六法』(学陽書房)をひもとき、近年、ますます頻繁に改正されている教育法規の現状について、学び続けていく必要がある。なお、重要な教育法規は、文部科学省の公式ホームページでも、誰でも無料で閲覧することができるから、随時参照してほしい(http://www.mext.go.jp/)。

著者識

目　次

はじめに

第1章　教育法規が定める学校教育制度

1．日本の教育法規：憲法・教育基本法体制

　本章では、教職課程において身に付けるべき教育法規の基本的な知識を解説する。日本の学校教育は、教育法規(国会が定める**法律**、政府が定める政令、各省庁が定める省令、各自治体が定める条例など)に則(のっと)って運営されている。特に、今日の日本の学校教育制度の根幹は、国家レベルにおいて制定される法律によって、その骨格が定められている。これを、**法律主義の原則**という。そのため、教育の

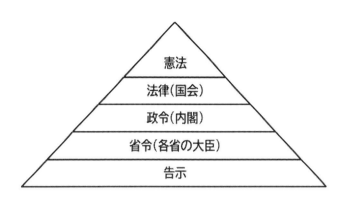

図1－1　法規の階層性

経営について理解しようとするものは、法律をはじめとする教育法規について、正確な知識を持っていなければならない。校種を問わず、教職を目指す者は、自らの職場となる学校について、十二分に理解していなければならないのは当然である。自らの職場である学校を理解するということは、その学校を支えている教育法規を理解するということである。

　さて、戦前の明治憲法(大日本帝国憲法、1889年発布)の下では、教育制度の決定は天皇大権とされ、勅令(ちょくれい)によって定められていた。これを勅令主義という。これは、教育制度のあり方が、国民によるコントロールの外にあったことを意味している。これに対して、アジア・太平洋戦争の敗戦(1945年)後、教育制度が、唯一の立法機関である国会における審議を経た法律によって規定されるよう、大改革が行われた。戦後になって初めて、教育に対する法の支配が貫徹され、教育制度に対して、主権者である国民による民主主義的な統制が行われるようになったのである。

　今日の学校教育を規定している法令には、階層性がある(図1－1)。上位の法令では、簡潔かつ理念的な規定がなされ、下位の法令では、より詳細かつ具体的な規定がなされる。例えば、国会による立法手続きを経た教育基本法、学校教育法があり、そのもとに、内閣による政令である学校教育法施行令、文部科学省の省令(しょうれい)である学校教育法施行規則、そのもとに、文部科学大臣告示としての学習指導要領が定められている、というようにである。

　さらに、国内法の上位には、教育・児童関係の国際条約が存在している。代表的な子ども関係の国際条約としては、1989年に国連総会で採択され、1994年に日本も批准(ひじゅん)した、「**子どもの権利条約(児童の権利条約)**」があげられる。子どもの権利条約では、子どもを、受動的・客体的な保護の対象としてではなく、能動的な権利の主体として位置づけなおしている。同条約では、主体としての子どもの権利として、表現の権利、意見表明権、国籍を持つ権利の保障が規定されている。

　国内の教育法規のうち、最高位に置かれるものが、**教育基本法**である。教育基本法は、日本国憲法(1946年公布、翌年施行)の精神に則り、1947年に制定された。そののち、2006年に改正が行われている(全文は巻末付録)。教育基本法は、**日本国憲法第26条**と補完的な関係にあると考え

られ、「教育憲法」とも称されるなど、「準憲法」的な性格を持つとされてきた。このことは、戦前のように、政府によって、教育に対する過剰な介入がなされないよう、教育基本法が教育行政のあり方を制限しているということである。改正前の教育基本法はわずか 11 条、改正後の基本法も、18 条からなる短いもので、理念法としての性格を持っている。

旧教育基本法は、その第1条において、教育の目的を次のように示していた。

教育は、人格の完成をめざし、平和的な国家及び社会の形成者として、真理と正義を愛し、個人の価値をたつとび、勤労と責任を重んじ、自主的精神に充ちた心身ともに健康な国民の形成を期して行われなければならない。

ここで、教育の究極的な目的は、「人格の完成」、すなわち、個人の備えるあらゆる能力を、可能な限り、調和的に発展させることにあるとされている。ここでは、教育という営みが、単なる知識の獲得や技能の習得を目指すものではなく、人間性の涵養も含む、総合的かつ包括的な営みであるべきだという理念が示されている。

2006 年に改正された新教育基本法の第 1 条の条文も掲げておこう。「真理と正義を愛し、個人の価値をたつとび、勤労と責任を重んじ、自主的精神に充ちた」の文言が削除され、短くなってはいるものの、「人格の完成」を教育の目的とするという理念自体には変化はない。

教育は、人格の完成を目指し、平和で民主的な国家及び社会の形成者として必要な資質を備えた心身ともに健康な国民の育成を期して行われなければならない。

2. 義務教育(普通教育)の基本原則

日本国憲法における、唯一の教育に関する条文は、第 26 条である。憲法第 26 条は、教育に関して、次のように言及している。

すべて国民は、法律の定めるところにより、その能力に応じて、ひとしく教育を受ける権利を有する。
2 すべて国民は、法律の定めるところにより、その保護する子女に普通教育を受けさせる義務を負ふ。義務教育は、これを無償とする。

ここでは、教育、特に普通教育に関して、いくつかの原則が示されている。第 1 項では、教育の機会均等の原則が示されている。続いて、第 2 項では、普通教育を受けさせる義務(義務教育の原則)、および、義務教育の無償の原則を規定している。

憲法の規定を受け、**教育基本法**においては、公教育(普通教育)に関するいくつかの原則が、より具体的に掲げられている。憲法第 26 条の条文における「法律の定めるところにより」というときの「法律」とは、憲法の公布以後に施行された、教育基本法や学校教育法などの、一連の教育法規のことを意味している(1946 年の憲法公布時には、教育基本法以下、教育関連の重要な法律は

未公布であったため(教育基本法の公布・施行は翌 1947 年)、このような曖昧な表現がとられている)。

　教育基本法では、教育の機会均等(第 3 条)、9 年間の義務教育とその授業料の無償(第 4 条)、男女共学(第 5 条)、公教育の政治的・宗教的中立性(第 8、9 条)などが、普通教育の基本原則として規定された。以下では、教育の機会均等の原則、義務教育の無償の原則、公教育の政治的・宗教的中立性の原則、という三つの原則を、順にみていくことにしよう。

1) 教育の機会均等の原則

　教育基本法第 4 条では、すべての国民が、「ひとしく、その能力に応じた教育を受ける機会」を保障されるべきとしている。さらに、人種、信条、性別、社会的身分、経済的地位、門地(家柄)によって、教育上の差別を被ってはならないことを定めている。

　「義務教育」というときの「義務」とは、保護者等にとっての義務であり、これを怠った場合、10 万円以下の罰金が科せられる(学校教育法第 144 条)。教育を受ける権利(憲法第 26 条)は、あくまで国民としての子どもの権利であり、保護者等、及び、国または地方公共団体には、この子どもの権利を保障する義務を負うのである。

　なお、子どもの就学の権利を保障するため、過剰な児童労働は労働基準法、学校教育法によって禁止されている。労働基準法では、児童労働が原則禁止される(15 歳以下は、就学時間を通算して、1 週間当たり 40 時間以上、1 日当たり 7 時間以上労働させてはならない(労働基準法第 56 条 2 項)。13 歳に満たない者の就労については、児童の福祉を侵害するとして、映画の製作、演劇の事業の労働(子役など)を修学時間外にさせることを除いて禁止されている。13〜15 歳は、新聞配達などの軽微な労働なら可(労働基準監督署長の許可が必要)とされ、中学卒業年齢以降のみを適法な労働者として認めている)。学校教育法第 20 条は、「学齢児童又は学齢生徒を使用する者は、その使用によつて、当該学齢児童又は学齢生徒が、義務教育を受けることを妨げてはならない」としている。

　教育基本法第 4 条 3 項では、同時に、経済的理由によって就学が困難なものに対して、「奨学の措置」を講じる義務を、国及び地方公共団体に課している。これを受けて、学校教育法第 19 条では、経済的理由によって就学困難となっている学齢児童、保護者に対して、必要な援助を行うことを、市区町村に義務付けている。生活保護を受けている困窮家庭には、学用品等の費用、学校給食費に充当する教育扶助が与えられる。さらに、困窮家庭に準ずると市区町村教育委員会が認めた家庭の児童生徒には、学用品費、通学のための交通費、修学旅行費などが給付される(就学援助。就学困難な児童及び生徒に係る就学奨励についての国の援助に関する法律)。

　さらに、教育基本法第 5 条 4 項では、国、地方自治体に対して、義務教育の機会を保障し、その水準を確保するための責任を共同して負うことを定めている。

　教育の機会均等の原則を実現するため、地方公共団体は、小学校、および中学校を設置する義務を負う。小学校に関しては、「市町村は、その区域内にある学齢児童を就学させるために必要な小学校を設置しなければならない」(学校教育法第 38 条)と規定され、この規定は、中学校にも準用される(同第 49 条)。

　学校に関わる経費は、その設置者が負担しなければならない(学校教育法第 5 条、**設置者負担主**

義の原則)。設置者とは、例えば、公立小中学校の場合は市区町村の教育委員会であり、私立小中学校の場合は、その学校法人である。さらに、経費の負担に加えて、学校の経営管理を行うのも設置者であるとされる(学校教育法第5条、**設置者管理主義の原則**)。

　なお、日本における私立学校の割合は、幼稚園が6割強、大学が7割強、専修学校が9割強を占める一方、小学校は1%程度、中学校は7%程度にとどまっている(高校は3割弱)。義務教育はほとんどが公立学校によって担われているのに対して、幼児教育や高等教育における私立学校の役割は大きい。

2)義務教育無償の原則

　教育基本法第5条、学校教育法第6条では、「国又は地方公共団体の設置する学校における義務教育については、授業料を徴収しない」とされている。現在は、「義務教育の無償」というのは、「授業料の無償」のことと解されるのが一般的である。このほかの経費、例えば給食費、教材費、修学旅行費などの諸経費は、無償の範囲には入っていないとされる。ただし、現在では、授業料のほか、教科書の無償配布が実施されている(義務教育諸学校の教科用図書の無償措置に関する法律)。

3)教育の政治的・宗教的中立性の原則

　教育基本法は、「法律に定める学校は、特定の政党を支持し、又はこれに反対するための政治教育その他政治的活動をしてはならない」(第14条2項)とし、学校教育の政治的中立性を規定している。

　加えて、「国及び地方公共団体が設置する学校は、特定の宗教のための宗教教育その他宗教的活動をしてはならない」(第15条2項)とし、国公立学校における宗教的中立性を規定している。ただし、教育基本法には、私立学校の宗教教育については明示されていない。宗教的背景を持った私立学校において、道徳教育のために、宗教的な内容を児童生徒に教授することは、信仰の自由と関連づけて許容されているのである。

3.　学校の法的性格

　教育基本法第6条は、法律で定める学校が「公の性質」を持つものであることを強調している。学校の設置者は、国、地方公共団体、学校法人に限られる(学校教育法第2条)。「公の性質」は、私立、国公立の別を問わず、公教育の性格として求められるものである。それゆえ、国や地方自治体は、私立学校に対しても、その振興に努めなければならないのである。**私立学校法**(1949年)は、私立学校に対する私学助成のあり方を規定している(私立学校法は、戦前の教育行政が私学に対し十分な助成を行ってこなかったとする、米国教育使節団報告書の指摘を受けて成立したものである)。

　学校教育に関して、教育基本法を補完するものが、教育基本法と同時公布された**学校教育法**である。学校教育法は、その第1条において、学校の定義を行っている。幼稚園、小学校、中学校、義務教育学校、高等学校、中等教育学校、特別支援学校、大学、高等専門学校が、学校教育法第1

条における学校である。これら、第1条に列挙されている学校を、「**一条校**」と総称することがある。こののち、学校の組織、運営に関する規定が続く(学校教育法は、附則を含めて150条以上の長大な法律であり、理念法である教育基本法と比較して、圧倒的に詳細・具体的である。そのため、学校教育法は、その都度の必要性に応じて、頻繁に改正がなされているという特徴がある)。

学校教育法では、小学校、中学校、高等学校、大学という進学ルートを、すべての国民に開放する、**6・3・3・4制**の**単線型**学校制度が定められた。このうち、小学校の6年、中学校の3年の計9年間を義務教育年限としている(学校教育法第16条)。このような教育制度のあり方は、1946年3月に来日した米国教育使節団の報告書における勧告に基づくものである。同使節団の報告書は、戦前の教育行政の中央集権制、複線型の学校体系、画一的なつめ込み教育を批判したうえ、教育の地方分権化、学校体系の単線化、男女共学による教育機会の保障などを強調して、戦後の日本の学校教育の基本的な方針となったものである。

各学校の設置者(公立学校の場合は市区町村などの地方公共団体、私立学校の場合は学校法人)が学校を設置する際には、学校の種類に応じた設置基準に従わなければならない。設置基準としては、幼稚園設置基準、小学校設置基準、中学校設置基準、高等学校設置基準、専修学校設置基準、大学設置基準がある。例えば、小学校設置基準においては、一学級の生徒数を40人以下とすること、学級は同学年の児童で編制すること、校舎に備えるべき施設として、教室、図書室、保健室、職員室、そのほかの施設として運動場、体育館を備えることなどが規定されている。

学級は、原則として同学年の児童生徒で編制される。小・中・高等学校では、1学級は40名以下(小学校では、2025年までに全学年で35人定員となる見込み)、幼稚園では35名以下が標準とされる。なお、標準学級数は、小・中学校では12から18学級である(学校教育法施行規則第44条)。

学校の位置は、「教育上適切な環境」におかれなければならず、通学距離は、小学校ではおおむね4キロメートル以内、中学校ではおおむね6キロメートル以内において定められる(義務教育諸学校等の施設費国庫負担に関する法律施行令第4条2項)。

教育課程の基準としては、**学習指導要領**が定められ、文部科学大臣によって告示されている。これによって、全国レベルでの教育内容の水準の維持が図られている(幼稚園においては幼稚園教育要領、幼保連携型認定こども園においては幼保連携型認定こども園教育・保育要領が告示されている)。加えて、小・中・高等・中等教育学校では、**教科用図書**(「教科書」というのは通称)の使用が義務付けられている(学校教育法第34条)。教科用図書は、文部科学省著作のもの、または同省の検定を経たものでなければならない(教科書に対する検定が、憲法21条2項が禁止する検閲に当たるかどうかが争点となった訴訟がある。検閲とは、行政権が、表現物を発表前に審査し、「不適当」な表現物の発表を禁じることである。家永教科書裁判(第一次訴訟)では、歴史学者の家永三郎らが執筆した高校日本史の教科書『新日本史』が、1962年の教科書検定において、「戦争を暗く表現しすぎている」等の理由により不合格とされたことに対して、原告の家永はこの検定が検閲に当たると訴えた。第二審の東京高裁判決(1986年)では、検定は検閲でないとする国の主張を全面的に採用して、家永の全面敗訴となった(家永は最高裁に上告するも、最高裁はこれを棄却、家永の全面敗訴が確定)。最高裁判決(1993年)では、教科書検定で不合格になったとしても普通の出版物としてなら刊行することが可能である以上、検閲には当たらないという判断が示され

ている)。

　複数の種類がある教科書のうち、どれを使用するかを選定することを採択という。教科書採択の権限は、公立学校の場合所管の教育委員会に、国立、および私立学校の場合は学校長にある。

　さらに、学校教育法では、各学校の組織を定めている。各学校には、校長、教諭が必置とされている。このほか、小学校では、教頭、養護教諭、事務職員を置かなければならない(学校教育法第 37 条)。各学校は、それ以外にも多くの職員を抱えている。例えば、学校保健安全法では、学校医、学校歯科医、学校薬剤師が、学校図書館法では司書教諭が必置とされている。このほか、学校給食法では、学校給食栄養管理者の配置が求められ、栄養教諭または栄養士がこれに当たる。

　小学校、中学校における教員の多くは、地方公務員(地方公務員法)、教育公務員(教育公務員特例法)の地位をもつ。公務員は、「全体の奉仕者」(憲法第 15 条)として、職務上、身分上の法令遵守(コンプライアンス)義務、上司の職務命令に従う義務をもつ(地方公務員法第 32 条)。

　教員は、原則として、教員免許状を持つことが義務付けられている(教育職員免許法第 3 条、相当免許状主義の原則)。教員採用に当たっては、志願者は、各学校の設置者であるところの教育委員会の選考を受ける(地方教育行政法第 34 条)。選抜ではなく、選考により教員が採用されるのは、単に知識・技能の多い・少ないによってではなく、人間性、人格を含めた適性を、採用に当たって重視しようとしているためである。

4.　日本の中央教育行政組織

　教育基本法第 16 条において、教育は「不当な支配」に服することなく行われるべきことが規定されている。このことは、教育行政が、一般行政からの独立を旨として行われるべきことを意味している。戦後の教育行政学では、「教育内容の決定は教員や保護者の自律にゆだねるべき」とする、宗像誠也(第 2 章で後述)らの「国民の教育権」説が定説となってきた。宗像らの「教育行政のオフ・リミット論」によれば、教育行政は教育内容を統制してはならないとされ、行政による過剰な教育内容への統制を「不当な支配」だとする。教育行政は、国と、地方公共団体が適切に役割分担し、相互に協力しあいながら行われるべきものであることが教育基本法第 16 条に定められているが、教育行政の作用は、あくまで子どもの就学の権利を保障するための条件整備に限定されるべきであるとするのが、宗像らの「教育行政のオフ・リミット論」である(オフ・リミットとは、立入禁止区域のこと)。国は、教育の機会均等と教育水準の維持向上の責任を負い、地方公共団体は、地域における教育の振興を図る責任を負うとされるのである。

　中央における教育行政は、**文部科学省**が担っている。文部科学省設置法第 3 条には、文部科学省の任務が以下のように規定されている。「文部科学省は、教育の振興及び生涯学習の推進を中核とした豊かな人間性を備えた創造的な人材の育成、学術及び文化の振興、科学技術の総合的な振興並びにスポーツに関する施策の総合的な推進を図るとともに、宗教に関する行政事務を適切に行うことを任務とする」。文部科学省は、2001 年の省庁再編の際、旧文部省、旧科学技術庁の統合によって誕生した。教育、学術、スポーツ、文化を所管する。その長は、文部科学大臣である。文部科学大臣、およびかつての文部大臣は、政権与党に所属する国会議員が多くその職を務めてきた。彼らは政党政治家であるため、教育、教育行政に深い造詣・知識を有しているとは限らな

い。そのため、大臣を支えるための各種の審議会が、省内に設けられている。

　文部科学省の組織は、文部科学省設置法によって定められている（図 1 − 2）。文部科学省は、大臣官房と 6 つの原局からなり、筆頭局は総合教育政策局である。このほか、外局として文化庁、スポーツ庁が置かれる。

　文部科学省は、教育基本法第 17 条に規定する**教育振興基本計画**の策定を行う一方、その計画を実施するための予算を要求する。現在における毎年の文部科学予算の規模はおよそ 5 兆円であり、内訳としては、義務教育費国庫負担金が最も多く 1.5 兆円程度、国立大学法人運営費交付金、科学技術振興費がそれぞれ 1 兆円程度である。文部科学省は、教育関連予算を財務省に対して概算要求するにあたって、教育関連予算の削減を図ろうとする財務省と厳しい対立を繰り広げている。

　既に述べたように、文部科学省には、**中央教育審議会**、文化審議会、科学技術・学術審議会など、有識者をメンバーとする複数の審議会が設置されている。これらの審議会は、文部科学大臣の諮問に対して、調査・審議を経て答申を行う。審議会答申そのものに、法的拘束力があるわけではないが、これらの答申は、教育関係法令の改正に、大きな影響を持っている。特に、1952 年に発足した中央教育審議会の答申は、重要視されている。日本の中央教育行政が、諮問行政と呼ばれるのはこのためである。

　文部科学行政は、地方の教育委員会に対して、強制的な指揮・監督を行うのではなく、指導・助言に重点を置く、いわゆる**指導・助言行政**を志向している。国と地方公共団体との間の、対等なパートナーシップによって、教育行政が適切に行われるよう求められている。

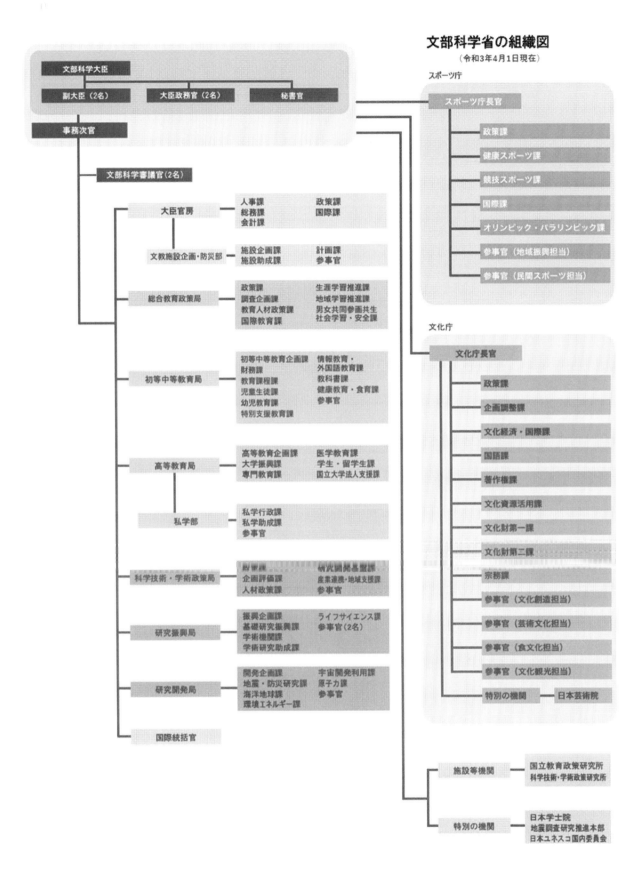

文部科学省の組織図
（令和3年4月1日現在）

文部科学大臣
- 副大臣（2名）
- 大臣政務官（2名）
- 秘書官

事務次官

文部科学審議官（2名）

大臣官房
- 人事課
- 総務課
- 会計課
- 政策課
- 国際課

文教施設企画・防災部
- 施設企画課
- 施設助成課
- 計画課
- 参事官

総合教育政策局
- 政策課
- 調査企画課
- 教育人材政策課
- 国際教育課
- 生涯学習推進課
- 地域学習推進課
- 男女共同参画共生
- 社会学習・安全課

初等中等教育局
- 初等中等教育企画課
- 財務課
- 教育課程課
- 児童生徒課
- 幼児教育課
- 特別支援教育課
- 情報教育・外国語教育課
- 教科書課
- 健康教育・食育課
- 参事官

高等教育局
- 高等教育企画課
- 大学振興課
- 専門教育課
- 医学教育課
- 学生・留学生課
- 国立大学法人支援課

私学部
- 私学行政課
- 私学助成課
- 参事官

科学技術・学術政策局
- 政策課
- 企画評価課
- 人材政策課
- 研究開発基盤課
- 産業連携・地域支援課
- 参事官

研究振興局
- 振興企画課
- 基礎研究振興課
- 学術機関課
- 学術研究助成課
- ライフサイエンス課
- 参事官（2名）

研究開発局
- 開発企画課
- 地震・防災研究課
- 海洋地球課
- 環境エネルギー課
- 宇宙開発利用課
- 原子力課
- 参事官

国際統括官

スポーツ庁

スポーツ庁長官
- 政策課
- 健康スポーツ課
- 競技スポーツ課
- 国際課
- オリンピック・パラリンピック課
- 参事官（地域振興担当）
- 参事官（民間スポーツ担当）

文化庁

文化庁長官
- 政策課
- 企画調整課
- 文化経済・国際課
- 国語課
- 著作権課
- 文化資源活用課
- 文化財第一課
- 文化財第二課
- 宗務課
- 参事官（文化創造担当）
- 参事官（芸術文化担当）
- 参事官（食文化担当）
- 参事官（文化観光担当）
- 特別の機関 ── 日本芸術院

施設等機関
- 国立教育政策研究所
- 科学技術・学術政策研究所

特別の機関
- 日本学士院
- 地震調査研究推進本部
- 日本ユネスコ国内委員会

図1－2　文部科学省の組織

5.　日本の地方教育行政組織

　戦後の教育行政の原則の一つに「地方分権」が挙げられる。地方における教育行政は、都道府県、または市区町村の**教育委員会**、あるいは首長部局が担っている。首長は、住民の直接投票によって選ばれる行政機関であり、都道府県知事、市区町村長等がこれに当たる。

　教育委員会は、議会の承認を得て、首長が任命する独立的な行政委員会であり、原則 5 名の委員の合議制によって運営される。教育委員会の組織や権限等に関しては、「地方教育行政の組織及び運営に関する法律(地方教育行政法、地教行法と略称)」に定められている。委員の任期は 4 年である(教育長の任期は 3 年)。委員には必ず保護者を含むこととなっている。なお、政治的中立性を保つ観点から、委員の 2 分の 1 以上の者が同一の政党に所属することが禁じられている(地方教育行政法第 12 条)。

　教育委員会の代表、会務の総理を行う教育委員を**教育長**という(教育長は、教育委員を兼務)。教育委員が非常勤であるのに対し、教育長、および教育委員会の事務局職員は常勤職である。教育委員会の実質的な業務は、教育委員会事務局が担っている(図 1-3)。教育長は、事務局の事務を総括し、事務局職員を監督する。教育委員会事務局には、指導主事、事務職員、技術職員等が置かれる(教員出身者が事務局に数年間勤務し、管理職として学校勤務へと戻るケースが少なくない)。このうち、**指導主事**は、学校における教育課程や、学習指導等、学校教育に関する専門的指導に関する事務に従事する(地方教育行政法第 19 条)。

　教育委員会は、公立学校の組織編制、教育課程、教科書ほか教材の取扱、教育職員の身分の取扱に関する事務を行う(地方自治法第 180 条の 8)。教育委員会は、法令や条例に反しない限りにおいて、その所管する学校等に、施設・設備・組織編制・教育課程・教材の取扱等に関して、教育委員会規則を定めることができる(地方教育行政法第 33 条)。教育委員会の指導監督権限は、公立学校に対するものにとどまっており、私立学校への監督権限は弱いものにとどまる。私立の小学校、中学校、高等学校等は、都道府県知事の所管に属しているからである(学校教育法第 44 条)。

　この他、教育委員会は、生涯学習、社会教育、文化・スポーツの振興等、学校教育に関連する業務のほかにも、広範な業務を担っている。

　教育委員会と並ぶ地方教育行政組織として、首長部局がある。首長部局が担う役割として、①私立学校の行政、②高等教育機関の設置、③教育予算の編成の三つがある。③に関して注意しておくべきことは、教育委員会には予算案の議会提出権がないということである。地方自治体における教育予算の編成権、議会提出権は首長にある。ただし、教育予算の編成に関して、首長は教育委員会の意見を聴取しなければならない。

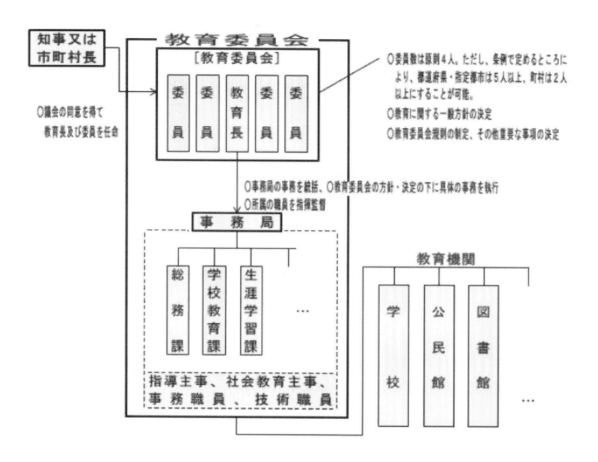

図1－3　教育委員会の組織

第1章の重要ワード

法律主義の原則

子どもの権利条約(児童の権利条約)

教育基本法

日本国憲法

教育の機会均等の原則

義務教育の無償の原則

公教育の政治的・宗教的中立性

設置者負担主義の原則

設置者管理主義の原則

私立学校法

学校教育法

6・3・3・4制

単線型

学校設置基準

採択

選考

学習指導要領

教科用図書

一般行政からの独立

文部科学省

中央教育審議会

指導・助言行政

教育委員会

教育長

指導主事

第2章　学校教育のマネジメント

1.　現代日本の地方教育行政

　本章では、学校経営を支える教育行政の仕組みについて解説していく。教育行政を見る時に重要なのは、教育行政が、国家の行政権とどのような関わりを持っているかという点である。教育行政を、国家の行政権の貫徹として見たのは、教育行政学者の宗像誠也(1908-1970)である。宗像による教育行政の定義は次のようなものである。「権力の機関が教育政策を実現しようとする過程」。ここで「教育政策とは、権力に支持された教育理念」である。宗像の定義の背景には、「権力に支持された教育理念」以外の教育理念が存在し、そちらの教育理念を宗像が支持しているという事実があった。言いかえれば、宗像にとって、「権力」の貫徹の手段である教育政策と、その遂行の手段としての教育行政は、制限されるべき作用として、否定的に捉えられていたのである。宗像は、教育行政の作用を、条件整備としてのみ認めようとし、教育行政を介した教育の国家統制への批判的立場をとり続けた。

　教育行政という形での教育の国家統制に対して批判的な宗像の立場は、**内外事項区分論**として理論化される。内外事項区分論においては、教育行政による条件整備の対象は施設などの設備や教材などの「外的事項」に限定されるべきであり、教育内容や教育方法などの「内的事項」には関与するべきでないとされた。これは、教育の「内的事項」を、いわば教育行政の「オフ・リミット(立入禁止)」領域と見なし、「内的事項」を教育行政による作用から守り、その自律性を保障しようとする理論であった。

　さて一般に、教育行政には、三つの作用があると考えられる。①規制作用。違法な教育活動を制限する作用であるが、極めて弱い。②助成作用。教育の自律性を保障しつつ、教育の外的条件を整える作用である。③実施作用。行政自らが、教育の営為を実施する作用である。宗像は、このうち、②の側面に着目していたということができる。

　戦後改革の中で、教育行政のあり方も大きく変革された。その改革は、明治憲法下では天皇大権に属した教育行政のあり方の決定権を、民主化の原則に沿って国民に帰するという抜本的な改革を目指すものであった。戦後教育行政改革の基本原理として、次の三つを挙げることができる。

　①**民主制・民衆統制の原理**。これは、占領軍に主導された戦後改革の民主化方針に沿うものであり、教育のあり方を決めるのは、国家ではなく、主権者たる国民であるという理念を示す。

　②**地方分権・地方自治の原理**。中央政府が集権的・一元的に教育のあり方を決定するのではなく、各地方自治体が主体的に教育経営に取り組むべきであるという理念を示す。

　③**一般行政からの独立の原理**。教育行政の機関を、その時々の政治権力に左右される一般行政からは独立させ、教育の自律性を確保するべきだという理念を示す。この原理を具現化するために、都道府県知事や市町村長など、地方自治体の首長から独立した機関として教育委員会を組織し、教育行政を担わせることとした。

　一般行政からの独立の原則を具現化するものとして、戦後の教育委員会法(1948年)により、**教育委員会**が、地方教育行政の主たる担い手として創設された。教育委員会は、教育行政の一般行

政からの独立を実現するために設置される組織であるから、首長から一定の独立性、自律性をもつ。住民による意思決定(レイマンコントロール)を実現することが目指されている。教育委員会は行政委員会の一つである。戦後間もなくは教育委員は公選制(教育委員会法における規定)であったが、1956年の同法廃止、地方教育行政法(地教行法)の施行によって、自治体首長の任命制となった。委員定数は原則5名(都道府県・市)であり、首長が議会の同意を得て任命する。

2.　学校教育の体系

　我が国は、単線型の学校体系をもつといわれているが、このような単線型の初等・中等教育体系を備えているというのが、各国に見られる普遍的な傾向というわけではない。学校体系は、主に、単線型、分岐型、複線型の3つのタイプに分類される。歴史的動向としては、複線型が最も古く、そののち分岐型、単線型へと変遷していくケースが多く見られる。

　複線型は、初等教育段階から貴族のための学校系統と大衆(庶民)のための学校が分離している学校体系のことである。複線型学校体系では、上流階級の子弟が通学した大学進学のための準備教育機関(中等学校)が、徐々に初等教育へと下向きに発展していく下構型学校系統と、庶民の子弟を対象とし、3アールズ(読み・書き・計算)を中心とする、社会生活に必要なリテラシーの教授を行う初等学校が、教育内容を徐々に高度化させるのに対応して中等学校へと発展する上構型学校系統が併存している。英国に見られる。

　分岐型は、初等学校段階では、上流階級のための学校と庶民学校が統一されているものの、中等学校への入学段階で、就職組と進学組に枝分かれする学校体系のことである。19世紀末の「統一学校運動」の結果、各国で複線型から分岐型への改革が進められた。ドイツでは、初等学校(グルントシューレ)を卒業する10歳の時に、職業的技能の習熟を目指すハウプトシューレか、大学への進学を目指すギムナジウムかを選択することから、ドイツは分岐型学校体系をもつといわれる(図2-1)。中等教育以上の学校系統が複雑に分かれていた戦前の日本も、分岐型学校体系をもっていたといわれることがある。

　単線型は、統一が初等教育段階にとどまっていた分岐型から学校系統の統合がさらに進み、初等学校から中等学校に至るまで、全ての子どもが同一種類の学校に通学する学校体系のことである。単線型学校体系では、中等教育修了後の高等教育(大学)への進学機会も、能力に応じて平等である。アメリカ合衆国は単線型学校体系を志向し、戦後の日本も、アメリカの影響を受けて単線型学校体系を導入した。

　単線型のデメリットとしては、中等教育までの進学機会を全ての子どもに保障するため、メリトクラシー(能力主義的競争)が勃興しやすいことが挙げられる。身分・家柄によって進学できる学校が決まるわけではないので、進学機会の確保は本人の能力次第ということになる。そのため、階層の流動化は促進されるが、その反面、高い学歴、質の高い教育機会を求めた競争は激しくなる。このような学歴社会化、能力主義的競争は、後発資本主義国ほど激化しやすいといわれる(社会学者ドーア(1925-2018)のいう後発効果)。

それに対して、複線型学校体系をとる英国では、学歴競争は激化しない。既に、身分や家柄によって、進学機会がある程度限定されてしまっているからである。それゆえ、ほとんど全員が参加する学歴をめぐる競争は生じえない。その代り、教育の獲得による階層間の移動は限定的なものにとどまり、社会階層は固定的であり続ける。このように、各学校体系には一長一短があり、軽々にどちらが適切かを論じることはできない。学校体系は、各国の歴史の中で形成された社会や文化に内在する規範や価値観と関わりながら形成・維持されてきたものであり、それらの規範や価値観を無視して一朝一夕に変革できるものではないのである。

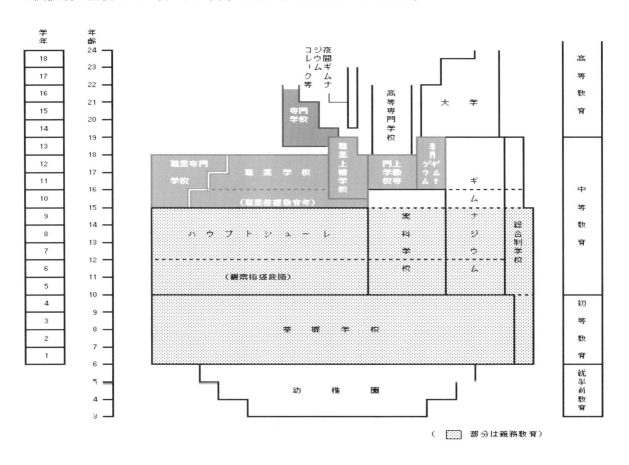

図2−1　ドイツの学校体系

3.　学校の種類

　既に述べたように、日本は単線型の学校体系をもつと一般的に考えられている。正系の学校のほかにも、多くの学校が法律上規定されているので、それについて見ていこう。

　まず、日本における代表的な学校種別を定めるのが学校教育法第1条である。ここで規定される学校を、**一条校**と通称することがあることは既に述べた。現在では、幼稚園、小学校、中学校、義務教育学校、高等学校、中等教育学校、特別支援学校、大学、高等専門学校の9校種がこれに属する。

　一条校以外の学校として、専修学校や各種学校をあげることができる。専修学校（学校教育法第

124 条)は、職業、生活教育などを目的とした教育機関である。入学資格によって、高等課程(中卒、高等専修学校)、専門課程(高卒、専門学校)、一般課程(資格限定なし)の三つに分類される。専修学校の 8 割以上を、専門課程を持つ専修学校(専門学校)が占めている。

　各種学校(学校教育法第 134 条)は、技能教育、職業教育、教養文化教育などを行う機関であり、多様で自由な形態をとる。設置にあたっては、都道府県知事が認可を行う。予備校、自動車操縦、服飾、簿記、語学、インターナショナルスクールなど様々な種類がある。

　以上の学校はいずれも文部科学省の所管であるが、文科省所管以外の教育機関も存在する。例えば、保育所などの児童福祉施設は厚生労働省の所管であり、少年院は法務省の所管、在外日本人学校は外務省が所管する。この他、学位を授与できる大学校として、防衛大学校(防衛省)、水産大学校、農業大学校(農林水産省)、海上保安大学校、気象大学校(国土交通省)などが存在し、それぞれの分野における幹部候補的な専門職の養成を行っている。

4.　学校の組織と経営

　学校組織一般がもつ特徴を検討し、その特徴が学校経営論に与えた影響を見ていきたい。アメリカの組織学者カール・ワイク(1936-)は、学校組織に対する批判的検討を行った。ワイクは、学校組織が、他の組織(営利企業など)と比較した際に有するネガティヴな特質を三つあげている。第一に、監督と評価が限定的にしかなされないということ。授業内容や教育方法の細かな部分にまで、現場の教師の実践に、経営層が「監督」として介入することは滅多にないし、日常の教師の実践を、経営層が「評価」することも稀である。第二に、教育の目標が漠然としており不明確であるということ。教育目標が、特に人格形成、道徳的側面、情緒的側面に関わってくるとき、特に目標の曖昧さは際立ってくる。この目標の曖昧さは、第一の側面、すなわち評価の難しさと関連する。というのも、目標が漠然としていれば、教育の成果や達成がどれほどであるのかを評価しえないからである。第三に、学校の構成員が統制すべき職務範囲が広すぎるということ。さらに、その茫漠とした職務に対して、どのような技術が必要とされているかも不明確である。具体的に言えば、家庭の機能と学校の職務の間の境界が曖昧であり、ともすると、家庭が担うべき教育機能が、際限なく学校側に滲み出してくるという事態が起こりうる。

　ワイクによる学校組織の曖昧さについての指摘は、日本の学校組織に対しても当てはまるだろう。学校機能は多重的なものだからである。学校組織は、教育機能、校務分掌機能、運営機能というように、いくつかの機能を包含しており、各教職員は、これら複数の機能領域を同時に担う。同一の教員が、教育機能を果たしつつ、校務も分掌し、学校運営にも携わる、というように、同時に複数の校内委員会などの組織に所属し、それらの職務を並行的に遂行している。事務的職務に関して言えば、例えば小学校には、事務職員が必置とされているものの(学校教育法第 37 条)、限られた数の事務職員では担いきれない多くの学校関連業務を、教員も担っているという現状がある。

　このような学校組織の機能的側面が、学校経営の効率、あるいは生産性を損ねていると考えたのが、教育行政学者の伊藤和衛(1911-1989)であった。加えて、伊藤によれば、学校経営の方法は、依然として、前近代的な「経験と勘」に支配されている。ワイクと同様、伊藤も、学校における職

務に対して、どのような技術が必要とされているかが不明確であり、学校経営のための知識や技能が体系化されていないと考えたのである。

　伊藤は、このような非効率的・非生産的な学校組織の職務効率を向上させるべく、学校経営の合理化論を唱えた。この伊藤の理論は、後述するような組織的特徴から、**重層構造論**と呼ばれる。伊藤は、アメリカの技師フレデリック・テイラー(1856-1915)が、19世紀末に唱えた「科学的管理法」(テイラー・システム)を、学校経営にも導入することを提言する。科学的管理法の特徴としては、次の三点が挙げられる。①仕事を業務ごとに分ける(分業)。②業務ごとの標準的なノルマ(数値目標)を設定する。③ノルマ(数値目標)の達成具合を評価する。分業と評価の重要性を説く科学的管理法を学校に導入するにあたって、伊藤はまず、学校の職務を、経営、管理、作業の三つに分け、その三つをそれぞれ校長、教頭・主任、教職員が分業的に担当することを提案する。〈校長→教頭・主任→教職員〉は、この順で階層を成しており、指揮系統、監督・評価の権限も明確化される。いわば、学校組織をピラミッド型の重層構造ととらえることにより、学校経営の合理化を目指すのが、伊藤の重層構造論である。

　伊藤の重層構造論に、真っ向から対立したのが、宗像誠也であった。宗像は、学校における職務はすべて本質的に同じもの、つまり複合的・総合的な性質をもつため、テイラーや伊藤のいうような分業は不可能であるとする。さらに、重層構造による指揮・命令系統の明確化は、むしろ、個々の教員の自発性や意欲を損ねかねないとする。宗像によれば、教員は互いに平等・対等な存在であるべきなのであり、それによって、教員間の活発なコミュニケーションが生起し、良質な教育実践が生まれてくると考えるのである。このような宗像の理論を、学校経営の民主化論、あるいは、教員組織の重層性を否定したという意味で、**単層構造論**などと呼ぶ。

　宗像の単層構造論は、長く「**なべぶた型**」と呼ばれ(図2－2)、校長・教頭以外の管理職を置かない横並び組織を特色としてきた日本の既存の学校組織の意義を事後的に承認するための理論的基礎となった。「なべぶた型」の学校組織においては、例えば、**職員会議**は議決機関と見なされる。つまり、職員会議の議決は、それが校長の意に反するものであったとしても、校長も職員会議の

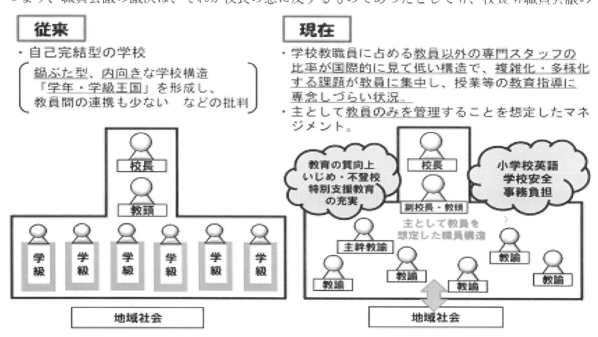

図2－2　学校の教員組織

構成員の一人であるため、校長をも制約すると考えられた。ただ、このような校長権限への制限には批判も提起されてきており、職員会議は校長の諮問機関に過ぎないという説も存在した。職員会議を、学校組織の意思決定における最終的な議決機関と見るか、それとも、校長のリーダーシップを支える諮問機関と見るかという論争は、2000年代初頭、一連の法令改正による校長権限の強化の中で、一気に後者が優勢となっていく。

　2000年の学校教育法施行規則改正においては、職員会議は校長の「補助機関」として位置づけられたのみならず、同改正において、職員会議とは別の諮問委員制度としての**学校評議員**制度が導入された。学校評議員の導入は、校長の補助機関、あるいは諮問機関としての職員会議のウェイトを相対的に縮小させるものである。

　さらに、校長権限を強化するため、従来存在しなかった、校長を支える中間管理職の職制が新設される。2008年以降、学校教育法を根拠法として、副校長、主幹教諭などの職制が新設され、これらの職制に就く教員には、校長を補佐すると同時に、下位の教職員に対する指導・監督権限が与えられた。「なべぶた型」と長く呼ばれてきた日本の学校組織がもたなかったミドルリーダーの創出が図られたということは、「なべぶた型」・単層構造を特色としてきた日本の学校組織が、急速にピラミッド型、重層構造へと転換しつつあるということを意味している。

　あわせて、校長のリーダーシップの強化を図る試みの一つとして、民間人校長の登場がある。2000年の学校教育法施行規則の改正により、従来校長の資格要件とされてきた「1種あるいは専修免許状の取得、5年以上の教育に関する職の経験」が緩和され、企業の管理職に就いていた者などが校長に就任できるようになった。リクルートで管理職を務めたのち、2003年から杉並区立中学校長に就任した藤原和博(1955-)などはその代表例である(藤原は、生徒が様々な立場の社会人の語りを聞くことを通して社会についての見識を深める「よのなか科」を創設したり、学習塾と連携した有料の課外授業「夜スペ」を導入するなど、斬新な取り組みを行った)。

　地域との学校の連携の強化、及び校長のリーダーシップの強化の二つは、1998年の中央教育審議会答申以降の流れである。同答申では、①学校の裁量権の拡大、②校長のリーダーシップの強化、③説明責任に基づく学校経営、④地域住民、保護者の学校運営への参画が求められ、後述する学校評議員制度の導入のきっかけとなるなど、2000年代以降の学校経営の刷新に影響を与えた。

　今日の学校経営の最優先課題は、地域に対するアカウンタビリティ(説明責任)の確保であるといえよう。アカウンタビリティの確保のための第一歩は、学校評価の導入から始まるとされる。2006年に出された文部科学省の「学校評価ガイドライン」によれば、学校評価は、評価主体により①自己評価、②学校関係者評価、③第三者評価の三つに分類される。このうち、①自己評価は既に義務化され、②学校関係者評価も努力義務化されている。学校評価では、〈計画→実践→評価→改善〉の各プロセスを円環的に繋げていく経営手法である**PDCAサイクル**の導入が推奨されている。PDCAサイクルの考え方は、単に学校の組織運営のみに適用されるのみならず、教育課程の編成・教育実践にも応用されるべきと考えられている。2017年改訂の学習指導要領では、不断の教育課程の見直しを伴うダイナミックな教育の実践を、**カリキュラム・マネジメント**と呼ぶ。

　地域住民の意向を学校経営に反映させるための制度として特筆すべきなのは、**学校評議員**(2000年学校教育法施行規則改正により導入)である。校長の推薦に基づき、教育委員会により委嘱された学校評議員(保護者を含む地域住民)は、校長の行う学校経営に対して意見を述べることがで

きる。評議員には、学校経営に対する特段の権限はないものの、9割近くの小・中・高で既に設置されているが、幼稚園では設置がやや遅れている。一方で、学校経営に、地域社会の政治力学が流入し、学校が「地域ボス」に牛耳られる危険性があることも指摘されている。

　学校評議員のほか、未だ十分には普及していないものの、2004年の地方教育行政法改正により導入された**学校運営協議会**は、学校運営に関する基本方針の承認の権限を持つ。それ以外に、学校経営に関する意見、または教職員任用に関する意見の申出などを行うことができるとされている。

5. 学級の組織と運営

　以下では、学級組織の運営について見ていこう。学級は、言うまでもなく、児童生徒と学級担任からなる、学校における教育・指導・学習の基本単位である。日本の学級の特徴として、1885年以降、一貫して**学年制**を採っていることが挙げられる。明治初期は等級制を採っていた(「級」は「課業の階梯」を示す)。児童は学習進度別に級分けされ、進級試験に合格しなければ原級留置とされた(修得主義)。このため、進級試験への不合格を繰り返した末、退学する児童は少なくなかった。等級制では、貧困層の児童が退学へと追いやられるケースが多かったことから、等級制による修得主義のもとでは、基礎的教育の機会を必要とする低階層の子どもが公教育から放逐されてしまう。このことは、全国民に普遍的な国民教育を提供するという近代公教育の理念に反すると考えられた。そのため、出席日数に不足がなければ成績にかかわらず進級・卒業を認める履修主義と抱き合わせされた学年制が、小学校令公布とともに導入され、今日に至っている。

　組織としての学級は、次のような特徴をもつ。

　①生活共同体的な価値観に基づく、訓育的側面(人格形成)を重視すること。日本の学校教育は、単に知識・技能の習得を目指す営みに留まらず、集団の中における人間性の涵養、人格の完成(教育基本法第1条)を含む全人的なものと捉えられている。そのため、授業以外の活動、給食や清掃、課外活動など、必ずしも知識・技能の習得に関わらない活動も、集団の中での人間性の形成の観点から重視される。そのため、学級は、単に学習集団ではなく、生活集団としての性格も持つことになる。

　②教師と子どもの関係は、損得勘定を挟むことなく、献身・尊敬の間柄であることが理想とされること。明治期以来の教師＝聖職者論にも表れているように、教師は子どもに対して献身的であり、それに応じるように子どもは教師にたいして敬愛の念を抱く、というように、教師と子どもとの間に情緒的つながり、心理的絆が形成されることが重視されてきた。

　③「学級王国」と呼ばれるほどに閉鎖的であり、学級間の教員交流、あるいは学級間の子ども同士の交流が限定的になること。学級が、担任教師と子どもたちが、日常的に生活行動を共にする共同体であり、その共同体の紐帯は情緒的・心情的なものであるとすると、学級外の人間との関係は疎遠なものになる。今日に至るまで、学級が学校教育を運営するための基本的単位であることは変わらないが、学級間の「壁」をどう捉えるか、という問題は、教師の念頭につねに置かれるべきである。

　さて、学級担任には、学級担任制(主に幼・小)と教科担任制(主に中・高)の二つのタイプがある。

中・高は教科担任制をとるものの、学級担任も同時に置かれることが多い。中・高が教科担任制をとるのは、中・高の教員免許状が科目別に授与されるためである。

担任教師は、前述したように、単に教科学習の指導だけではなく、多様な役割を果たす。例えば、①児童生徒の健康と安全の管理、②集団づくりの実践と共同的な学びの実現、③保護者や地域の住民を含めた学級内外のコミュニケーションの円滑化などが挙げられよう。なお、教師が子どもの人格形成を図るため、学校生活のさまざまな側面で、子どもの生活上の指導を行うことを、生徒指導と呼ぶ。中学校・高等学校では、教員の充て職として、生徒指導主事を置くことができる(学校教育法施行規則第52条2)。

教師は、児童生徒への**懲戒**を行うことができる。懲戒とは、不適切な行動をなした児童生徒に対してなされるいましめであり、以後の行動を改めさせる目的で行われるものである。学校教育法第11条では、「校長及び教員は、教育上必要があると認めるときは、文部科学大臣の定めるところにより、学生、生徒及び児童に懲戒を加えることができる」とされる(ただし、幼児に対する懲戒は規定されていない)。

児童生徒への懲戒には以下の二種類がある。①事実行為としての懲戒。訓戒、叱責、規律、罰当番などが当てはまる。②処分としての懲戒。退学、停学が当てはまる。ただし、小・中学校(義務教育)では、処分としての懲戒としての停学・退学の制度はない。その代り、秩序措置としての出席停止の措置があるものの(学校教育法第35条)、ほとんど機能しておらず、いじめ等非行への対応に当たり、出席停止措置を適切に講じるべきだとの議論がある。なお、高校では、学校教育法施行規則第13条において、停学・退学が規定されている。

学校教育法第11条は、但書きにおいて、**体罰**を加えることはできないとも規定している。この学校における体罰の禁止規定は、1879年の教育令以来一貫して受け継がれてきた。文部科学省によれば、体罰には、殴る、蹴るなどの身体に対する侵害はもとより、端坐、直立などの特定の姿勢を長時間保持させることで肉体的苦痛を与えるような懲戒も含まれる。

懲戒の実施や、校則の制定など、教師の児童生徒に対する権力行使の根拠として、従来挙げられていたのは**特別権力関係論**であった。特別権力関係論とは、行政主体(国や地方公共団体)によって特定の公の目的に供用される建設物・施設である「営造物」を、私人が使用する場合、行政主体は、法律の規定に拠らなくても、私人に対して強制的命令を発したり、規則を定めることができるとする理論である。特別権力関係論は「営造物理論」とも呼ばれ、君主制国家の官僚に対する支配を強化するために創出された、19世紀のドイツ国法学の理論である。この理論によれば、営造物としての学校を利用する私人は児童生徒ということになり、教育・指導という学校に課せられた公共の目的に供される施設としての学校では、学校設置者としての行政主体が、その管理者として児童生徒を支配し服従させる、特別に強められた権力関係が発生すると考えられる。

戦後、このような学校設置者としての行政の側からの一方的な権力行使を容認する特別権力関係論に対する批判が出された。その批判では、学校による児童生徒に対する権力の行使のあり方は、「契約」として予め明文化されるべきであり、それらが「契約」である以上、権力の行使を受ける側、すなわち児童生徒やその保護者の了解・承認が必要であるとされる。例えば、**在学契約説**では、児童生徒と学校設置者は、契約の当事者として対等だと見なされる。在学関係は、学校設置者と児童生徒・保護者との間の対等な「教育法上の契約関係」であり、校則は両者の合意に

よって締結された契約内容を示すものと考えられる。学校が校則を一方的に制定することはできず、校則の内容について、学校と児童生徒・保護者との間には、事前の基本的合意が必要とされる。ただ、多数の児童生徒に対して教育を行う学校が、個別の児童生徒と契約を交わすことは事実上不可能であり、児童生徒が入学するたびに、学校側と入学者は、契約内容を不断に更新し続けなければならなくなる。そのため、校則は附合契約に過ぎないとする考え方もある。附合契約とは、水道・ガス・電気・通信・新聞など、不特定多数の相手に大量の同種の取引を行なうときに締結される契約だが、このような一方通行かつ多量の取引では、契約条件を個別的に交渉し合意に達しようとすれば、そのためのコストが膨大となり非能率極まりない。そのため、サービスの提供者が、前もって契約内容(約款)を定めておき、サービスの受け手に対しては、契約にあたってその約款を示すことで、いわば画一的・形式的に契約への合意がなされたとみなす。校則も、このような附合契約に準ずるものと考えるのが、**附合契約説**である。

6. カリキュラムの開発とマネジメント

　以下では、教育内容、すなわち「内的事項」に関するマネジメントの構造を見ていこう。教育内容の構造はカリキュラム、あるいは教育課程と呼ばれる。カリキュラムのラテン語源は、競走場、競走路であり、一定の順番で辿る道筋というものである。そこから転じて、学校で教えられる科目の内容と時間配分などの教育計画をカリキュラムと呼ぶようになった。

　カリキュラム、教育課程の概略は学校教育法施行規則に定められており、その具体的内容を詳細に規定するのが学習指導要領である。小学校の場合、学校教育法施行規則第 50、51 条において、①教科・科目名(国語、社会、算数、理科、生活、音楽、図画工作、家庭、体育、外国語)、②特別の教科である道徳、外国語活動、総合的な学習の時間、③特別活動(学級活動、児童会活動、クラブ活動、学校行事)、および④授業時数が規定されている(ただし、ここでいうクラブ活動は、中学校・高校における部活動とは異なる。中学校・高校における部活動は課外活動であり、学習指導要領に規定されている③特別活動には規定がない。当然、児童生徒全員が行うわけではない)。

　文部科学省が告示する教育課程の基準が**学習指導要領**であるが、これが教育課程の絶対的基準なのか、大綱的基準(指導助言的基準)に過ぎないのかについては論争がある。学習指導要領はもともと、敗戦直後の 1947 年、当時の文部省が「試案」として示したものである。だが、1958 年以降は官報告示となり、文部省は法的拘束力を有すると主張してきた。おおよそ 10 年に一度改訂が加えられ、直近の改訂は 2017 年に行われている。

　学習指導要領の位置づけ、ひいては教育課程、教育内容の決定権の所在については、1960 年代末から、いわゆる**教育権論争**の中で激しく議論されてきた。教育権論争では、教育内容、教育課程の決定権が国家にあるか、国民にあるか、という論点の設定がなされた。一方の国家の教育権論によれば、国家の教育課程の決定権の根拠は、学校教育法第 33 条に求められる。同条は、小学校の教育課程に関する事項は文部科学大臣が定めるとしている。

　対して、国民の教育権論は、国民(ここでいう国民は、第一に保護者の信託を受けた各学校の教師)に教育課程の決定権があるとする。国民の教育権論の立場からは、小学校学習指導要領総則における、各学校が地域・学校、児童の状況を考慮し教育課程を編成するという規定の中での「各

学校」は、個々の教師だと見なされる。

　両者の間の論争に一定の決着をもたらしたのが、旭川学テ事件の最高裁判決(1976 年)である。旭川学テ事件とは、文部省の指示によって全国の中学2、3 年生を対象に実施された全国中学校一斉学力調査(通称学テ、1956〜1965 年)について、旭川市立永山中学校において、学テ実施に反対する教師が、学テの実力阻止を行ったため、公務執行妨害罪などで起訴された事件である。本事件の最高裁判決では、児童・生徒の能力、教師の影響力、全国的な一定の教育水準の確保の要請を考えれば、「完全な教授の自由を認めることはとうてい許されない」として、合理的範囲において制限されるとし、学テは合憲であるとして、その実施を妨害した被告の教師に公務執行妨害罪の成立を認めた。最高裁判決では、国家の教育権論、国民の教育権論共に両極端であるとして退けられ、国家と国民の双方が教育内容の決定に関与できるとする折衷がなされた。この判例の確定以降、国が教育課程の基準設定権を、学校が教育課程の編成権を担うとする一定の分業がなされると考えられるようになった(ただし、教育課程の編成権を担う「学校」が、校長を指すのか、個々の教師を指すのかについては、議論の決着を見ていない)。

　「教育内容の基準」としての学習指導要領が絶対的基準なのか、大綱的基準に留まるのかについても対立がある。この点が問われた伝習館高校事件最高裁判決(1990 年)では、学習指導要領の法的拘束力は合憲とされた。伝習館高校事件とは、福岡県立伝習館高校の社会科教諭らが、高等学校学習指導要領の目標・内容を逸脱した指導、教科書使用義務違反、考査の不実施、一律評価などを、年間を通じて継続的に行ったことを理由に懲戒免職処分とされたものである。教諭らは、処分を行った福岡県教育委員会を被告として、処分取消訴訟を提起した。最高裁の見解としては、高等学校における教育の具体的内容・方法について、教師に認められるべき裁量を前提としてもなお、本件は明らかにその範囲を逸脱しており、日常の教育のあり方を律する学校教育法の規定や学習指導要領の定めに明白に違反するとし、教諭 1 名の懲戒免職処分については、教育委員会は裁量権の範囲を逸脱したものとはいえないとして、懲戒処分を認めた。

　現在、各学校における教育課程の編成にあたっては、**PDCA サイクル**の導入が強く求められている(2008 年〜)。PDCA サイクルの含意とは、教育活動充実のため、教育課程・指導方法を不断に見直すことを各学校に求めるということである。各学校が置かれた環境や条件は多様であり、それら地域環境の実態に応じたカリキュラム編成が必要と考えられているのである(社会に開かれた教育課程)。

第 2 章の重要ワード

内外事項区分論
複線型
分岐型
単線型
一条校
重層構造論
単層構造論
なべぶた型組織
職員会議
カリキュラム・マネジメント
PDCA サイクル
学校評議員
学校運営協議会
懲戒
体罰

第3章　教師の職務とそれを支える制度

1.　教員の身分

　本章では、教職の役割、教員の職務内容、それを支える制度について見ていきたい。日本における教職の要件は、法規(国会が定める法律、政府が定める政令、各省庁が定める省令、各自治体が定める条例など)によって規定されている。

　ところで、日本国民が描く「教師」「教員」のイメージとは、どのようなものであろうか。教師・教員を主人公とする映像作品は、さかんに製作・放映されているため、そのような作品に触れることで、教師・教員像が培われることも多いだろう。古くは木下恵介監督「二十四の瞳」(1954 年公開)の大石先生や、TBS 系列ドラマ「3 年 B 組金八先生」(1979～2011 年放映)の坂本先生のように、「熱血」で「教え子思い」、「献身的」であることが、「よい教師・教員」の条件であると考えている人も多いのではないだろうか。このような「よい教師・教員像」は、教師・教員自身も同様に抱いていることが知られている。

　日本における教師・教員自身の職業認識として圧倒的なものが、「多忙」「忙しい」職業というものである。というのも、日本には、子どもたちに対して熱心であることを職業的価値とする文化、戦前からの自己犠牲、献身的教師像が根強く存在してきたからである。

　教員の身分の定義については、従来、次の三つの類型が挙げられてきた。

　①**聖職者論**　聖職者論の典型は、初代文部大臣の森有礼の思想の中に見られる。森は、教師を「教育の僧侶」と規定し、自らの生命をなげうってでも、教育のために粉骨砕身するべきだと述べている。このような、献身的、自己犠牲的な教師像を聖職者論という。日本社会の中に、根強く残り続けてきた教師像の一つである。

　②**労働者論**　労働者論は、聖職者論を批判したうえで、教師を、労働権を含めた人権の主体として位置づける。労働者論の典型は、戦後間もなく結成された、日本教職員組合の倫理綱領に見ることができる(1952 年)。そこでは、「教師は労働者である」と規定したうえで、教師の労働基本権を保障することが求められている。

　③**専門職論**　教員を専門職と捉える見方は、1966 年、ILO(国際労働機関)とユネスコの共同勧告「教員の地位に関する勧告」で示されて以降、広く知られるようになった。この勧告では、専門職としての教師の条件として、研修の機会の保障、労働条件の改善、市民的権利の保障などが挙げられている。

　ただ、教師が何の専門職であるかについては、いくつかの見解が出されている。一つは、例えば物理の教師は、優れた物理学者であるべきだというように、教師とは教育内容のプロフェッショナルであるとする、教師＝アカデミシャン論であり、もう一つは、教師は、教育内容のプロフェッショナルであるより、教育方法、教育技術のプロフェッショナルであるとする教師＝エデュケーショニスト論である。優れた学者、研究者が、必ずしも自らの専門分野における一流の教師ではないということは、一流の音楽家が必ずしも一流の音楽教師ではなかったり、一流のスポーツ選手が必ずしも一流のコーチとはいえないケースがしばしばあることを念頭においても、説得

力がある。

専門職としての教師の養成は、大学等の教職課程を履修することによって行われている。我が国において、学校(いわゆる「一条校」、および幼保連携型認定こども園)の教員(法令上は「教育職員」)になるためには、原則として、教員免許状を有していなければならない(教育職員免許法第3条)。これを**相当免許状主義**という。教員免許状には、①普通免許状、②特別免許状(教育職員検定合格者に授与。社会人登用を狙う制度で、授与都道府県のみ有効。効力の期限なし)、③臨時免許状(教育職員検定合格者に授与。授与都道府県のみ有効で、効力は 3 年間)の三種類が存在する。普通免許状にはさらに三種類があり、それぞれ基礎資格と必要とされる教職科目の単位数が異なる。すなわち、専修免許状(基礎資格・修士の学位)、1 種免許状(学士の学位)、2 種免許状(短期大学士の学位、または準学士の称号)である。免許状の取得に必要とされる教科科目、教職科目の必要単位数は専修、1 種、2 種の順で少なくなっている。

教職課程の必要単位を取得し申請を行えば、都道府県教育委員会から教員免許状が授与されるため、免許状取得に当たっての国家試験は課されない。2 種免許状取得者には、1 種免許状への切り替え(上進)を目指す努力義務がある。普通免許状の有効期間は 10 年であり、更新講習を受講し最終試験に合格しなければ、免許状は失効する。

戦後の教員養成は、大学で行うことが原則とされてきた。同時に、大学・学部を問わず、必要とされる科目の単位を取得すれば教員免許が取得できる**開放制**を原則としてきた。これは、戦前の教員養成が、師範学校という教員養成に特化した目的養成の形態をとっていたことに対する反省から生まれた原則である(このような、師範学校だけが教員養成に特化する養成システムを、戦後の開放制に対して閉鎖制という)。師範学校においては、教育内容、教科の学習内容に対する教師の深い知識や理解よりも、教育のための些末な技術の習得に重点が置かれ、「師範型」と軽蔑されるような、人間的魅力に乏しい権威主義的な教員が多く育ってしまったのではないか、というのが戦前の師範学校に対する戦後の反省であった。

いずれにせよ、現在では、教員を専門職として捉える見方が一般的となっている。専門職とは、①長期にわたる訓練の結果、②高度な知識と技術を有し、③高い使命感と倫理観の下に、④自律的な職務の遂行を行う職業である。専門職としての教員は、自らの専門性を不断に高めるよう努力しなければならない。この自己研鑽の義務について、教育基本法第 9 条においては、次のように規定されている。

> 法律に定める学校の教員は、自己の崇高な使命を深く自覚し、絶えず研究と修養に励み、その職務の遂行に努めなければならない。
> 2 前項の教員については、その使命と職責の重要性にかんがみ、その身分は尊重され、待遇の適正が期せられるとともに、養成と研修の充実が図られなければならない。

ここでは、教員に課せられた使命の重要性にかんがみて、絶えず研修に励み、自己研鑽を行う義務が定められている。さらに、教員の重大な使命に照らして、国や地方公共団体は、適正な待遇と、教員養成、研修の機会を保障するべきことが定められている。

ただ、教師の専門性と一言でいっても、我が国の教員には、授業以外の様々な業務を同時平行

的にこなしているため、専門性のイメージは持ちにくい。法律で定められた総勤務時間に占める実際の授業時間の割合に関する国際調査を見ると、日本が約30%なのに対し、スペイン約60%、韓国約50%となっており、OECD(経済協力開発機構)加盟国の平均を大きく下回る現状がある。しかも、日本の教員たちには、知識・技能の教育だけでなく、多くの児童生徒と生活を共にし、心身の成長を援助するという、困難かつ複合的な役割が期待されているのである。このような、職務内容の複雑性、あるいは、役割の無限定性が、教師の疲労感、多忙感を増している原因の一つといえるであろう。

2.　公務員としての教員の義務

　2019年現在、幼稚園から高校までの専任教職員の数は119万4000人あまりに上る(高等専門学校除く)。これは、単一職種としては最大の人数である(第2位は看護師)。このうち、国公立学校に勤務する教員が90%ほどであり、2割に満たない私立学校勤務の教員を圧倒している(なお、私立学校教員の半数は幼稚園勤務である。全幼稚園数の6割以上は私立である)。このことは、言い方を変えれば、義務教育を担う教員の多くは公務員であるということである。特に、義務教育段階の学校教員を目指すということは、「教育公務員」を目指すということでもある。そのため、教員志望者は、公務員の位置づけを深く理解しておかなければならない。

　日本国憲法第15条2項には、「すべて公務員は、全体の奉仕者であつて、一部の奉仕者ではない」とある。これを受けて、地方公務員法第30条は、「すべて職員は、全体の奉仕者として公共の利益のために勤務し、且つ、職務の遂行に当たつては、全力を挙げてこれに専念しなければならない」と定め、公務員の「全体の奉仕者」としての性格と、職務への専念義務を定めている。

　当然、教育公務員としての教員にも、以上の規定が適用される。なお、教育公務員は次のように、教育公務員特例法第18条によって、地方公務員より厳しい、国家公務員に準ずる政治的行為の制限が課せられている。教育公務員に禁じられる政治的行為とは、政党・政治的目的のために寄付金を集める、公選による公職の候補者となる(選挙への立候補)、政党など政治的団体の役員となる、などである。地方公務員は、投票に関する勧誘運動、署名運動などの政治的行為を、勤務する区域外なら行うことが可能だが、教育公務員は地方公務員でありながら、勤務する区域外であってもこれらの行為が禁止される。つまり、教育公務員の政治的行為禁止の適用範囲は、勤務地の内外にかかわらず、全国に及ぶのである。

　地方公務員の義務としては、職務を遂行する際に守るべき**職務上の義務**と、職務遂行中であるか否かを問わず守るべき**身分上の義務**の二つがある。

　職務上の義務としては、以下のようなものがある。服務義務に従うことを宣誓する義務、法令等を遵守し、上司の職務上の命令に従う義務、なすべき職務に専念する義務、である。

　身分上の義務としては、以下のようなものがある。交通事故、飲酒運転などの道路交通法違反、窃盗、万引き、わいせつ行為、贈収賄、ハラスメント行為などの**信用失墜行為の禁止**(地方公務員法第33条)、職務上知り得た秘密を、退職後に至るまで漏らしてはならないとする**守秘義務**、政党・政治的団体への勧誘や、それらへ支持、反対する政治的行為をしてはならないとする**政治的行為の制限**(前述)、ストライキ、怠業(サボタージュ)などの争議行為をしてはならないとする争

議行為等の禁止、任命権者の許可なしに営利企業等に従事してはならないとする営利企業等の従事制限である。

　以上の義務に違反した場合、または、不適切な振る舞いがあった場合には、分限処分、懲戒処分が下される。

　公務員としての教職員は、地方公務員法において、強い身分保障が与えられている。しかしながら、特段の非違行為があったわけではないが、教職員として不適格であるなど、一定の事由がある場合、本人の意志に反して、身分上の変動を伴う処分を行うことを**分限処分**という。分限処分には、降任、免職、休職、降給の4つの種類がある。

　非違行為があった場合の**懲戒処分**には、戒告、減給、停職、免職の4つがある(地方公務員法第29条)。懲戒処分の事由としては、法令に違反した場合、職務上の義務の違反や怠業、非行などである。戒告に至らないような軽微な職務上の義務違反に関しては、上級の職員により、訓告、口頭注意などの行政措置により、注意を喚起することがある。

3.　教員の給与

　公務員の給与の原則として、①職務給の原則、②生計費考慮の原則、③給与法定主義の原則、④給与均衡の原則などが挙げられる。教育公務員の給与も、これらの原則に沿うものである。教育の機会均等と、その水準の維持向上のため、全国の公立学校教員の給与は平準化されている。

　総務省『地方公務員給与実態調査』(2015年)によれば、大卒の公立小・中学校教諭の初任給は平均20万12円である。なお、同調査では、公立の幼・小・中学校教育職員の給与月額の合計は、平均42万98円であった。公立学校の教員に適用される給料表は、条例により、学校種別に定められており、昇給は、原則として年1回行われる。

　教育公務員は労働権を制限されているために、第三者機関である人事委員会は、最低でも年1回、給料表が適正であるかどうかを、地方自治体の議会、及びその長に報告する。仮に、給料額を増減することが適当とされるときは、その旨を勧告することができる。これを、人事委員会勧告という。

　教員の給与に関しては、公立学校では、国がその三分の一、三分の二は都道府県の負担となっている。この制度に基づく市区町村立の義務教育学校の教職員を、**県費負担教職員**と呼ぶことがある。

　既に述べたように、小学校、中学校などの義務教育学校の管理・運営は、市区町村の義務である。学校運営に関わる費用は、設置者が負担する(設置者負担主義の原則)。ところが、市区町村立の義務教育学校の教職員の人件費に関しては、例外が設けられている。これが、先に述べた**県費負担教職員制度**である。この制度の下では、教職員の任命権は、都道府県教育委員会に属し(地方教育行政法第37条)、給料その他の給与は、都道府県が負担する(市町村立学校職員給与負担法第1、2条)。しかしながら、服務監督権は、市町村教育委員会に属する(地方教育行政法第43条)。これは、教職員の人件費を、都道府県が負担することによって、貴重な人材を安定的に確保し、継続的に雇用することを目指して設けられた制度である。

　公務員としての教職員は、報酬を得る兼職・兼業は、原則として禁止されている(地方公務員法

第 38 条)。ただし、教育公務員は、教育に関する他の職、事務・事業の兼職に限り、特例が認められている(教育公務員特例法第 17 条)。

　このほか、学校職員には、管理職手当、初任給調整手当、地域手当など、諸手当が支給される。その中で重要なのは、義務教育等教育特別手当である。この手当は、1974 年に施行された人材確保法に基づくもので、教員の給与を一般の公務員より優遇することを定め、教員に優れた人材を確保し、これによって義務教育水準の維持向上を図ることを目的として支給されるものである。このほか、原則として超過勤務手当を給しないかわりに、一律給与月額の 4%が、教職調整額として支給されている(教職給与法、1971 年)。このため、教育公務員の給与は、一般行政職の公務員より優遇されているといえる。

4.　教員の勤務時間・休暇

　教員の勤務時間は、都道府県の条例で定められる。勤務時間は 1 日当たり実働 8 時間以内、1 週間に 40 時間以内と規定されている(労働基準法第 32 条)。休憩時間は、労働時間が 6 時間を超える場合は少なくとも 45 分、8 時間を超える場合は少なくとも 1 時間の休憩時間を与えなければならない(労働基準法第 34 条)。教員は、原則として時間外勤務を命じられない。命じる場合は、(1)生徒の実習に関する業務、(2)学校行事に関する業務、(3)教職員会議に関する業務、(4)非常災害等のやむを得ない場合の業務の 4 項目に限定されているが(超勤 4 項目)、既に述べたように、これらに服するときにも、超過勤務手当は支給されない。

　公立学校教員は、条例で週休日が定められている(地方公務員法第 24 条 6 項、地方教育行政法第 42 条)。週休日に授業や行事を実施する場合、週休日以外に週休日が振り替えられる場合がある。このほか、年次有給休暇、病気休暇、慶弔休暇、生理休暇、介護休暇等の様々な法定休暇制度がある。さらに、育児休業制度も設けられているが、この休業期間は無給となる(ノーワーク・ノーペイの原則)。

　教員の人事異動は、教員組織の充実、学校間格差の是正、学校の活性化、教員の資質の向上を目的として行われる。県費負担教職員の場合、校長は、市区町村教育委員会の内申を経て、任命権者である都道府県教育委員会に、教職員の人事異動についての意見を申し出ることができる(地方教育行政法第 36 条)。人事異動の際、本人の希望と承諾も考慮はされるが、それは必ずしも必要な条件ではないとされている。

5.　学校組織の特色

　学校教育法では、各学校には校長、および教諭が必置とされている。学校の組織編成権は、教育委員会にある(地方教育行政法第 23 条)。校長は、校務をつかさどり、所属職員を監督する権限を持つ(学校教育法第 28 条)。ここから、教職員の校務分掌に関しては、校長が決定権を持つと考えられている。校務分掌とは、学校の教職員が、校務を分担し、有機的に行えるように組織を編成することである。例えば、小学校には、教務主任及び学年主任が置かれる(学校教育法施行規則第 44 条)。教務主任は、学習指導に関わる分野を担当し、教育課程の編成・実施、時間割の調

整、教科書・教材の取扱い等に関して、関係教員への指導や助言を行う。学年主任は、校長の監督のもとに、当該学年の教育活動に関する事項について、連絡調整や、関係教員への指導・助言を行い、同一学年内の担任相互の協力関係が円滑なものになるよう努める。

　各学校における教員集団の意思決定は、戦後長らく、**職員会議**においてなされるものと考えられてきた。職員会議とは、現在の学校教育法施行規則においては、「校長の職務の円滑な執行に資するため」の機関である(第48条)。

　さらに、学校教育法改正によって、2008年から副校長、主幹教諭、指導教諭などの、校長を補佐する新しい中間管理職を担う教員(ミドルリーダー)の職制が設けられた。**副校長**は、「校長を助け、命を受けて校務をつかさどる」(学校教育法第37条5)。**主幹教諭**は、教諭その他の職員に対して、一定の指示権限を持つ。**指導教諭**は、児童の教育のほか、「教諭その他の職員に対して、教育指導の改善及び充実のために必要な指導及び助言を行う」と規定されている。これらの、新しい中間管理職の制度化、校長のリーダーシップの強化は、従来の「なべぶた型」から、「ピラミッド型」組織へと、学校組織の構造を転換する起爆剤となる。学校組織の重層化は、今後一層進んでいくと考えられる。

第3章の重要ワード

聖職者論

労働者論

専門職論

相当免許状主義

開放制の原則

職務上の義務

身分上の義務

信用失墜行為の禁止

守秘義務

政治的行為の制限

分限処分

懲戒処分

県費負担教職員(県費負担教職員制度)

校務分掌

職員会議

民間人校長

副校長

主幹教諭

指導教諭

付録　教育基本法(2006 年改正)

　我々日本国民は、たゆまぬ努力によって築いてきた民主的で文化的な国家を更に発展させるとともに、世界の平和と人類の福祉の向上に貢献することを願うものである。

　我々は、この理想を実現するため、個人の尊厳を重んじ、真理と正義を希求し、公共の精神を尊び、豊かな人間性と創造性を備えた人間の育成を期するとともに、伝統を継承し、新しい文化の創造を目指す教育を推進する。

　ここに、我々は、日本国憲法の精神にのっとり、我が国の未来を切り拓く教育の基本を確立し、その振興を図るため、この法律を制定する。

第一章　教育の目的及び理念
(教育の目的)
　第一条　教育は、人格の完成を目指し、平和で民主的な国家及び社会の形成者として必要な資質を備えた心身ともに健康な国民の育成を期して行われなければならない。
(教育の目標)
　第二条　教育は、その目的を実現するため、学問の自由を尊重しつつ、次に掲げる目標を達成するよう行われるものとする。
　一　幅広い知識と教養を身に付け、真理を求める態度を養い、豊かな情操と道徳心を培うとともに、健やかな身体を養うこと。
　二　個人の価値を尊重して、その能力を伸ばし、創造性を培い、自主及び自律の精神を養うとともに、職業及び生活との関連を重視し、勤労を重んずる態度を養うこと。
　三　正義と責任、男女の平等、自他の敬愛と協力を重んずるとともに、公共の精神に基づき、主体的に社会の形成に参画し、その発展に寄与する態度を養うこと。
　四　生命を尊び、自然を大切にし、環境の保全に寄与する態度を養うこと。
　五　伝統と文化を尊重し、それらをはぐくんできた我が国と郷土を愛するとともに、他国を尊重し、国際社会の平和と発展に寄与する態度を養うこと。
(生涯学習の理念)
　第三条　国民一人一人が、自己の人格を磨き、豊かな人生を送ることができるよう、その生涯にわたって、あらゆる機会に、あらゆる場所において学習することができ、その成果を適切に生かすことのできる社会の実現が図られなければならない。
(教育の機会均等)
　第四条　すべて国民は、ひとしく、その能力に応じた教育を受ける機会を与えられなければならず、人種、信条、性別、社会的身分、経済的地位又は門地によって、教育上差別されない。
　2　国及び地方公共団体は、障害のある者が、その障害の状態に応じ、十分な教育を受けられるよう、教育上必要な支援を講じなければならない。
　3　国及び地方公共団体は、能力があるにもかかわらず、経済的理由によって修学が困難な者に対して、奨学の措置を講じなければならない。

第二章　教育の実施に関する基本

（義務教育）

　第五条　国民は、その保護する子に、別に法律で定めるところにより、普通教育を受けさせる義務を負う。

　2　義務教育として行われる普通教育は、各個人の有する能力を伸ばしつつ社会において自立的に生きる基礎を培い、また、国家及び社会の形成者として必要とされる基本的な資質を養うことを目的として行われるものとする。

　3　国及び地方公共団体は、義務教育の機会を保障し、その水準を確保するため、適切な役割分担及び相互の協力の下、その実施に責任を負う。

　4　国又は地方公共団体の設置する学校における義務教育については、授業料を徴収しない。

（学校教育）

　第六条　法律に定める学校は、公の性質を有するものであって、国、地方公共団体及び法律に定める法人のみが、これを設置することができる。

　2　前項の学校においては、教育の目標が達成されるよう、教育を受ける者の心身の発達に応じて、体系的な教育が組織的に行われなければならない。この場合において、教育を受ける者が、学校生活を営む上で必要な規律を重んずるとともに、自ら進んで学習に取り組む意欲を高めることを重視して行われなければならない。

（大学）

　第七条　大学は、学術の中心として、高い教養と専門的能力を培うとともに、深く真理を探究して新たな知見を創造し、これらの成果を広く社会に提供することにより、社会の発展に寄与するものとする。

　2　大学については、自主性、自律性その他の大学における教育及び研究の特性が尊重されなければならない。

（私立学校）

　第八条　私立学校の有する公の性質及び学校教育において果たす重要な役割にかんがみ、国及び地方公共団体は、その自主性を尊重しつつ、助成その他の適当な方法によって私立学校教育の振興に努めなければならない。

（教員）

　第九条　法律に定める学校の教員は、自己の崇高な使命を深く自覚し、絶えず研究と修養に励み、その職責の遂行に努めなければならない。

　2　前項の教員については、その使命と職責の重要性にかんがみ、その身分は尊重され、待遇の適正が期せられるとともに、養成と研修の充実が図られなければならない。

（家庭教育）

　第十条　父母その他の保護者は、子の教育について第一義的責任を有するものであって、生活のために必要な習慣を身に付けさせるとともに、自立心を育成し、心身の調和のとれた発達を図るよう努めるものとする。

2　国及び地方公共団体は、家庭教育の自主性を尊重しつつ、保護者に対する学習の機会及び情報の提供その他の家庭教育を支援するために必要な施策を講ずるよう努めなければならない。

（幼児期の教育）

第十一条　幼児期の教育は、生涯にわたる人格形成の基礎を培う重要なものであることにかんがみ、国及び地方公共団体は、幼児の健やかな成長に資する良好な環境の整備その他適当な方法によって、その振興に努めなければならない。

（社会教育）

第十二条　個人の要望や社会の要請にこたえ、社会において行われる教育は、国及び地方公共団体によって奨励されなければならない。

2　国及び地方公共団体は、図書館、博物館、公民館その他の社会教育施設の設置、学校の施設の利用、学習の機会及び情報の提供その他の適当な方法によって社会教育の振興に努めなければならない。

（学校、家庭及び地域住民等の相互の連携協力）

第十三条　学校、家庭及び地域住民その他の関係者は、教育におけるそれぞれの役割と責任を自覚するとともに、相互の連携及び協力に努めるものとする。

（政治教育）

第十四条　良識ある公民として必要な政治的教養は、教育上尊重されなければならない。

2　法律に定める学校は、特定の政党を支持し、又はこれに反対するための政治教育その他政治的活動をしてはならない。

（宗教教育）

第十五条　宗教に関する寛容の態度、宗教に関する一般的な教養及び宗教の社会生活における地位は、教育上尊重されなければならない。

2　国及び地方公共団体が設置する学校は、特定の宗教のための宗教教育その他宗教的活動をしてはならない。

第三章　教育行政

（教育行政）

第十六条　教育は、不当な支配に服することなく、この法律及び他の法律の定めるところにより行われるべきものであり、教育行政は、国と地方公共団体との適切な役割分担及び相互の協力の下、公正かつ適正に行われなければならない。

2　国は、全国的な教育の機会均等と教育水準の維持向上を図るため、教育に関する施策を総合的に策定し、実施しなければならない。

3　地方公共団体は、その地域における教育の振興を図るため、その実情に応じた教育に関する施策を策定し、実施しなければならない。

4　国及び地方公共団体は、教育が円滑かつ継続的に実施されるよう、必要な財政上の措置を講じなければならない。

（教育振興基本計画）

　第十七条　政府は、教育の振興に関する施策の総合的かつ計画的な推進を図るため、教育の振興に関する施策についての基本的な方針及び講ずべき施策その他必要な事項について、基本的な計画を定め、これを国会に報告するとともに、公表しなければならない。

　2　地方公共団体は、前項の計画を参酌し、その地域の実情に応じ、当該地方公共団体における教育の振興のための施策に関する基本的な計画を定めるよう努めなければならない。

第四章　法令の制定

　第十八条　この法律に規定する諸条項を実施するため、必要な法令が制定されなければならない。

文献リスト

青木栄一『教育制度を支える教育行政』ミネルヴァ書房、2019 年。

伊藤良高『幼児教育行政学』(増補版)、晃洋書房、2018 年。

内野正幸『教育の権利と自由』有斐閣、1997 年。

小島弘道編『学校経営』学文社、2009 年。

勝野正章・藤本典裕編『教育行政学』(改訂版)、学文社、2008 年。

勝野正章・窪田眞二・今野健一・中嶋哲彦・世取山洋介編『教育小六法』(2021 年版)、学陽書房、
　　2021 年。

川口洋誉・古里貴士・中山弘之編著『未来を創る教育制度論』(新版)、北樹出版、2020 年。

清水一彦編著『教育と人権』(新訂版)、紫峰図書、2007 年。

永井憲一『教育法学』エイデル研究所、1993 年。

浪本勝年・三上昭彦編『「改正」教育基本法を考える：逐条解説』北樹出版、2007 年。

西原博史・斎藤一久編著『教職課程のための憲法入門』弘文堂、2016 年。

浜田博文編『教育の経営・制度』(第 2 版)、一藝社、2018 年。

平原春好『教育行政学』東京大学出版会、1993 年。

藤田祐介・加藤秀昭・坂田仰編著『若手教師の成長をどう支援するか：養成研修に活かす教職の
　　基礎』教育開発研究所、2017 年。

古田薫・山下晃一『法規で学ぶ教育制度』ミネルヴァ書房、2020 年。

文部科学省『文部科学統計要覧』(令和 2 年版)、2020 年。

油布佐和子編著『転換期の教師』放送大学教育振興会、2007 年。

米沢広一『憲法と教育 15 講』(第 4 版)、北樹出版、2016 年。

図版の出典(文部科学省公式ホームページ)

図1-2

　https://www.mext.go.jp/b_menu/soshiki2/04.htm

図1-3

　https://www.mext.go.jp/a_menu/chihou/05071301.htm

図2-1

　https://www.mext.go.jp/b_menu/shingi/chousa/shougai/015/siryo/attach/1374965.htm

図2-2

　https://www.mext.go.jp/b_menu/shingi/chukyo/chukyo3/siryo/attach/1365408.htm

（すべて 2021 年 5 月 18 日閲覧）

おわりに

　本書の基になったのは、大阪教育福祉専門学校教育保育科における教職課程科目「教育経営」、およびその後継科目「教育経営と教職論」の講義ノートである。筆者は本科目を 2016 年から担当し、本年で 6 年目を迎えた。Ⅰ部だけでなく、Ⅱ部(夜間部)を有する専門学校であるから、「勤労学生」が多く受講してくれた(させられた)ことになる。筆者の専門は保育学であるから、教育法学、教育行政学、学校経営論のいずれもの門外漢であるわけだが、それゆえに「素人」から見てクリアで分かりやすい授業内容・構成となるよう、試行錯誤を繰り返し現在に至った。その目標がどの程度実現しているか、成果の程ははなはだ心許ないが、本書の内容をご検討いただくよりほかない。

　本書の成立には、大阪教育福祉専門学校の学生諸君の存在が欠かせなかった。筆者の授業を日常的にサポートして下さる同校学務部スタッフ、および学生諸君に、心より御礼申し上げたい。

2021 年 6 月 1 日
吉田直哉

著者略歴

1985 年静岡県藤枝市生まれ。2008 年東京大学教育学部卒業。同大学院教育学研究科博士課程等を経て、2018 年より大阪府立大学准教授(大学院人間社会システム科学研究科・地域保健学域教育福祉学類)。博士(教育学)。保育士。専攻は教育人間学、保育学。

メールアドレス

yoshida@sw.osakafu-u.ac.jp

教育経営論講義
幼稚園教職課程対応

2021 年 6 月 15 日　初版発行

著　　者　吉田　直哉

発　　行　ふくろう出版
〒700-0035　岡山市北区高柳西町 1-23
友野印刷ビル
TEL：086-255-2181
FAX：086-255-6324
http://www.296.jp
e-mail：info@296.jp
振替　01310-8-95147

印刷・製本　友野印刷株式会社
ISBN978-4-86186-821-4　C3037　©YOSHIDA Naoya 2021
定価は表紙に表示してあります。乱丁・落丁はお取り替えいたします。